T0419766

Las PERSONAS y el PLANETA

Torrey Maloof

Asesora

Catherine Hollinger, CID, CLIA
EPA WaterSense Partner
Asesora ambiental

Teacher Created Materials
5301 Oceanus Drive
Huntington Beach, CA 92649-1030
http://www.tcmpub.com
ISBN 978-1-4258-4688-6

Contenido

Nuestro planeta cambiante

Imagina que cada día llegas a casa y descubres que más y más gente vive en ella. ¿Qué pasaría si dejaran basura tirada por la casa? ¿Y si se comieran toda la comida de tu cocina? ¿Qué pasaría si arrancaran los tablones de la pared para fabricar muebles? ¿Y si quemaran la casa para tratar de mantenerse calientes? ¿Qué pasaría si miles de millones de personas alrededor del mundo estuvieran viviendo de este modo?

El modo en el que vivimos afecta nuestro hogar: la Tierra. Con el tiempo, nuestra presencia en la Tierra la ha cambiado. Todos los días, usamos sus **recursos naturales**. Usamos el agua del planeta para cultivar nuestros alimentos. Usamos su petróleo para hacer combustible. Cambiamos el paisaje de la superficie de la Tierra. Cultivamos la tierra. Talamos bosques para construir casas. Cambiamos la **atmósfera** de la Tierra con sustancias dañinas que emiten los automóviles y las fábricas.

Los científicos están descubriendo que todos estos cambios tienen consecuencias graves. Las personas han vivido en la Tierra por mucho tiempo. Pero recién estamos viendo el impacto de nuestras acciones en el planeta. Debemos usar sus recursos con cuidado. Debemos tomar decisiones inteligentes que protejan nuestro planeta.

Salvemos nuestro planeta

Los conservacionistas son personas que trabajan para proteger la tierra, las plantas y los animales. Los conservacionistas buscan las maneras de conservar nuestros recursos naturales.

La Tierra es el único hogar que tenemos. Debemos trabajar juntos para protegerla.

Deforestación

Una de las formas en las que las personas cambian el planeta es al talar los bosques. Se llama *deforestación*. Existen muchas razones por las que se talan los árboles. Los árboles son un recurso natural. Las personas talan árboles para usar la madera para hacer papel y construir casas. La madera también se puede usar para calentar las casas o cocinar los alimentos. La demanda de papel y de madera es muy alta. Por eso, se talan más bosques todos los días.

Algunas personas talan los bosques para hacer lugar para los cultivos. Pero después de unos años, el suelo puede perder sus **nutrientes**. No es tan fértil sin los árboles. Esto dificulta que los cultivos crezcan ahí.

Antes

Bosques en extinción

La deforestación ocurre en todos los bosques húmedos más grandes del mundo. Los países con los problemas de deforestación más graves son Brasil, Malasia y Nepal.

"Al principio creí que luchaba para salvar el árbol del caucho, luego, creí que luchaba para salvar el Amazonas. Ahora me doy cuenta de que lucho para la humanidad".
—Chico Mendes, conservacionista

Después

La deforestación está cambiando todo el planeta. El 70 % de los animales terrestres vive en bosques. Cuando se talan los bosques, estos animales pierden sus hogares. Corren el riesgo de extinguirse, o desaparecer. Esto también puede pasarles a las plantas.

La **erosión** del suelo también es un problema. Las raíces de los árboles mantienen el suelo en su lugar. Pero si se talan los árboles, el suelo se afloja. Así, el viento y el agua pueden desgastar el suelo. El suelo que queda ya no puede absorber agua. En cambio, el agua se lleva la tierra. Esto provoca inundaciones y aludes.

Los árboles también nos ayudan a respirar. Convierten el **dióxido de carbono** en oxígeno. Necesitamos oxígeno para respirar. Cuando se talan los bosques, se genera menos oxígeno. Y hay más dióxido de carbono en el aire. Esto aumenta el **efecto invernadero**.

Plantar nuevos árboles es una forma de prevenir la deforestación.

Las consecuencias de la deforestación

Bosques del tamaño de Panamá son talados cada año. Las consecuencias, como inundaciones y aludes, son dramáticas.

aumento en el dióxido de carbono → **efecto invernadero**

pérdida de nutrientes en el suelo → **dificultad para el crecimiento de cultivos**

erosión → **inundaciones + aludes**

pérdida del hogar de plantas y animales → **extinción**

9

Desertificación

El suelo disponible en la Tierra es limitado. Usamos ese suelo para obtener refugio y alimento. Pero, algunas veces, sobreutilizamos el suelo. Talamos demasiados árboles. Extraemos demasiada agua del suelo. Cuando esto sucede, el suelo se seca. Pronto, puede convertirse en un gran desierto. Este proceso se denomina *desertificación*.

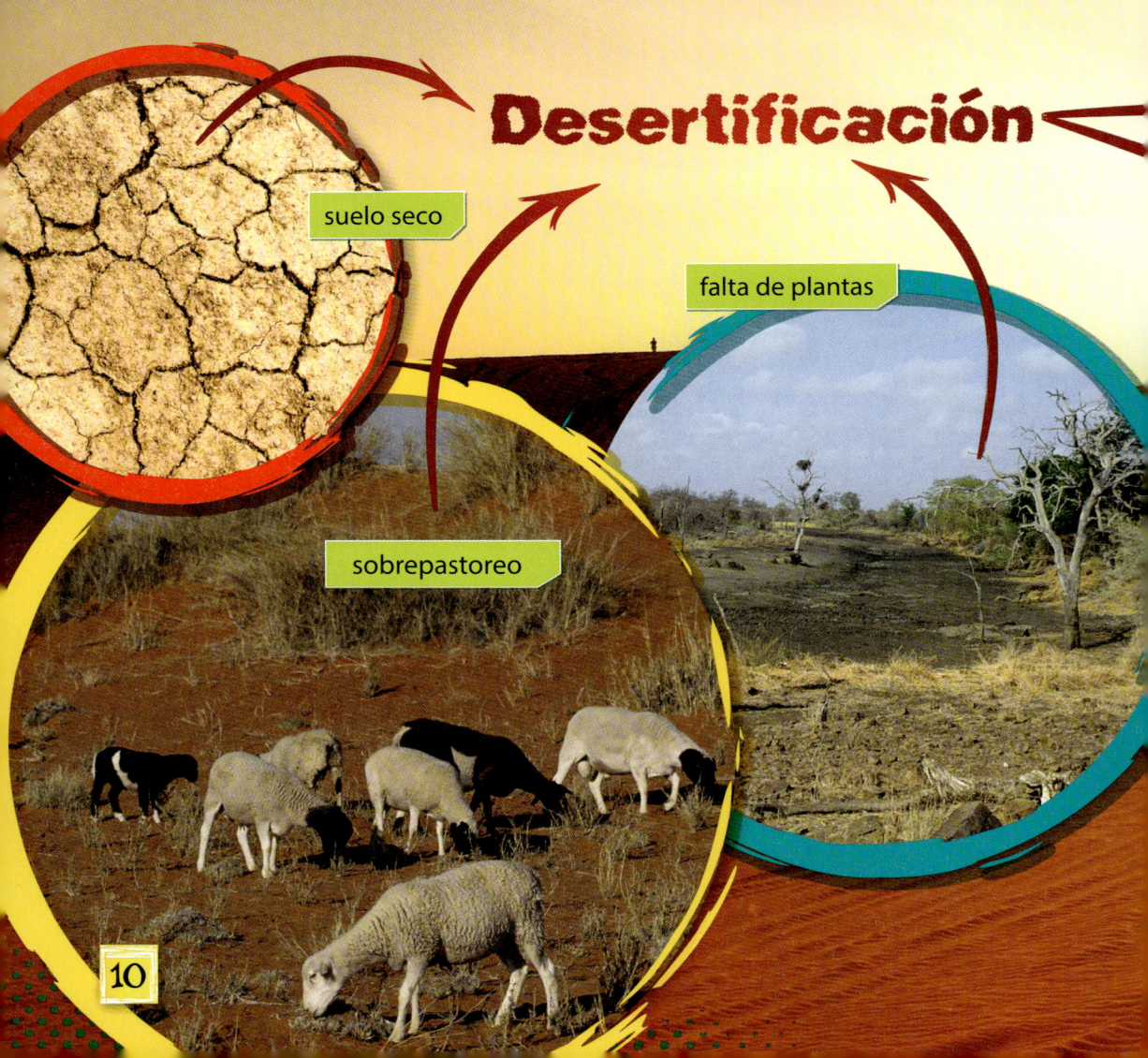

Desertificación

suelo seco

falta de plantas

sobrepastoreo

La desertificación es un proceso natural. Ocurre por sí sola a través del tiempo. Pero, últimamente, los seres humanos han acelerado este proceso. Sucede en todo el mundo. Y sucede con rapidez. El problema es más grave en las áreas con muchas personas y **clima** seco. En estas áreas se siembran muchos cultivos. Se crían grandes cantidades de animales. Se hace para asegurar que haya suficiente alimento para todos. Pero, con el tiempo, ocasiona problemas.

alimento limitado

tormentas de arena

Expansión al sur

Hay dos áreas que están sufriendo gravemente la desertificación. Una es el sur del desierto del Sahara en África. La otra es el sur del desierto de Gobi en China.

Los cultivos extraen mucha agua y muchos nutrientes del suelo. Cuando un área no recibe suficiente lluvia, el suelo se seca todavía más. Pronto, los cultivos mueren. Al mismo tiempo, los animales de granja pastan plantas cercanas. Pueden comer plantas hasta dejar el suelo pelado. Cuando los cultivos mueren y ya no quedan plantas, el suelo se afloja. Ocasiona que la tierra se desgaste con rapidez. La tierra se parece más a un desierto.

Más árboles, por favor

Wangari Maathai odiaba ver los efectos de la desertificación cerca de su hogar en Kenia. Por eso, trabajó con otros para plantar millones de árboles. Los árboles ayudaron a prevenir la desertificación. En 2004, ganó un Premio Nobel de la Paz por su trabajo.

Uno de los más grandes problemas de la desertificación es la hambruna. Muchas personas en estos lugares no tienen suficiente alimento para comer. Y si más tierras se convierten en desierto, ya no habrá buenos suelos para cultivar.

La desertificación también causa **sequías**. Estos largos períodos de tiempo seco dificultan todavía más la supervivencia de plantas y animales. Algunas personas deben recorrer grandes distancias para obtener agua potable. Al haber poca lluvia, el ciclo continúa y los desiertos se agrandan.

Una sola vaca puede comer hasta 18 kilogramos (40 libras) de alimento por día.

Contaminación

No solo lo que le hacemos directamente a la tierra cambia el planeta. Hay muchas cosas que hacemos para que nuestra vida sea más fácil y divertida que también dañan nuestro planeta. Usamos la electricidad para iluminar nuestras casas por la noche. Nos ayuda a leer cuando afuera está oscuro o a jugar videojuegos cuando llueve. Los aviones nos ayudan a viajar más lejos. Nos llevan a lugares lejanos para pasar fabulosas vacaciones. Los automóviles nos ayudan a ir más rápido. Nos ayudan a llegar a la escuela rápido o a llegar a tiempo a un juego de béisbol. Podemos llevar agua potable con nosotros a cualquier parte gracias a las botellas de plástico. Estas cosas nos ayudan y hacen que nuestra vida sea más fácil y placentera. Pero también tienen un gran impacto en nuestro planeta.

La contaminación es el proceso de ensuciar la tierra, el aire o el agua, y que ya no sean seguros. Con frecuencia, las fábricas de energía eléctrica contaminan el aire. Los automóviles y los aviones también contaminan el aire. Y las botellas de plástico contaminan la tierra.

Cómo eliminar residuos electrónicos

Los aparatos digitales o electrónicos como televisores, baterías o reproductores de MP3 pueden dañar el medio ambiente si se desechan de forma incorrecta. Los residuos electrónicos pueden verter químicos peligrosos al suelo o al agua. Con frecuencia, las ciudades recolectan estos residuos en días especiales para ayudar a prevenir la contaminación.

En un año, los estadounidenses usan más de 50 mil millones de botellas plásticas de agua.

Cada año, el número de personas en el mundo aumenta. Más personas equivale a más contaminación. Significa que habrá más basura en los rellenos sanitarios. Más humo tóxico ingresará al aire. Más residuos **peligrosos** se mezclarán con nuestras aguas. La contaminación afecta nuestro planeta de muchas maneras y ninguna es buena. En la actualidad, la contaminación es un problema en todo el mundo.

Todos los seres vivos necesitan aire limpio para respirar y sobrevivir. Quemar combustibles fósiles ensucia nuestro aire. Las fábricas queman combustible. Quemamos combustible al usar automóviles, trenes y aviones. Todas esas cosas producen humo que contaminan el aire con sustancias químicas. Estas sustancias químicas entran en la atmósfera y se mezclan con la lluvia. Esta lluvia contaminada se denomina *lluvia ácida*. La lluvia ácida contamina el suelo y el agua. El agua se vuelve dañina. El agua contaminada puede dañar plantas y animales. También puede hacer que los seres humanos se enfermen.

Intenta caminar con un amigo en vez de ir en un vehículo para ahorrar combustibles fósiles.

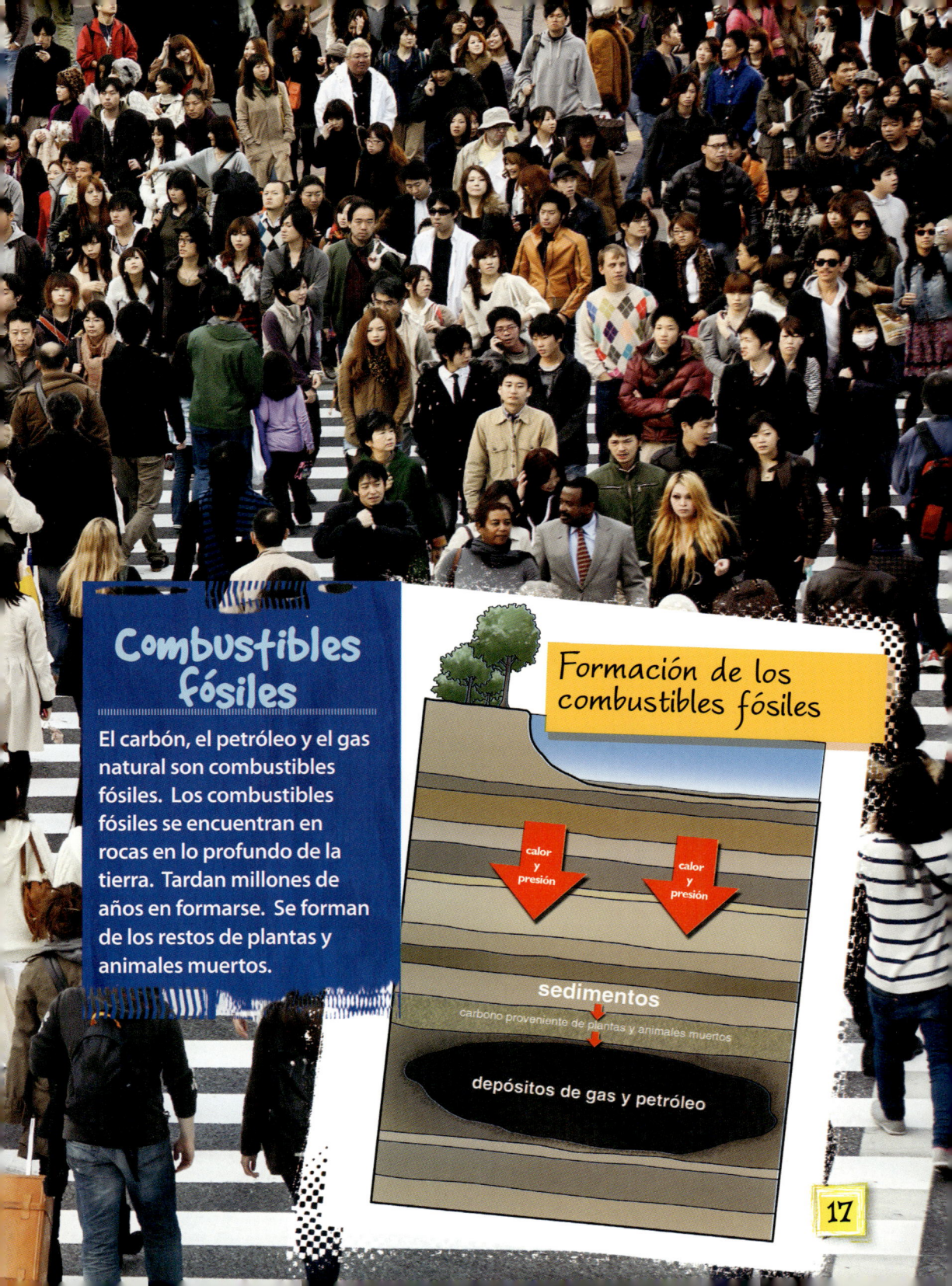

Combustibles fósiles

El carbón, el petróleo y el gas natural son combustibles fósiles. Los combustibles fósiles se encuentran en rocas en lo profundo de la tierra. Tardan millones de años en formarse. Se forman de los restos de plantas y animales muertos.

Formación de los combustibles fósiles

calor y presión

calor y presión

sedimentos

carbono proveniente de plantas y animales muertos

depósitos de gas y petróleo

17

El efecto invernadero es un proceso natural. Pero los seres humanos aceleran el proceso al contaminar el aire. Es natural que el dióxido de carbono esté en el aire. Las personas y los animales lo exhalan. El dióxido de carbono atrapa el calor en la Tierra. Parte de ese calor escapa hacia el espacio. Parte de ese calor regresa a la Tierra. Es solo la cantidad apropiada de calor la que ayuda a mantener nuestro planeta cálido.

Efecto invernadero natural

Gases de efecto invernadero

radiación solar

calor que vuelve a radiar

Pero cuando los seres humanos queman combustibles fósiles, demasiado dióxido de carbono es liberado al aire de manera rápida. Cuando hay mucho dióxido de carbono en el aire, demasiado calor queda atrapado y causa problemas. El calor atrapado hace que la temperatura general de la Tierra aumente. A esto se le conoce como *calentamiento global*.

cambios duros

Los científicos creen que el calentamiento global es responsable de estos y otros cambios en el medio ambiente:

- temperaturas más altas
- tiempo atmosférico intenso
- más sequías
- derretimento de los hielos marinos

Efecto invernadero agravado por el humano

calor que vuelve a radiar

radiación solar

calor que vuelve a radiar

Terrazas de cultivo

Las personas cambian el medio ambiente de muchas maneras. Pero no todos estos cambios son malos. Las terrazas de cultivo son grandes áreas planas en las colinas o en las laderas de las montañas. Construirlas es una forma simple, pero poderosa, de cambiar la tierra.

En Asia Oriental y el Sudeste Asiático, el arroz es una parte importante de casi todas las comidas. El arroz tiene **carbohidratos** que nos proporcionan energía. Sin embargo, cultivar arroz no es fácil. Requiere de mucho trabajo. Pero un pequeño número de campos de cultivo de arroz puede alimentar a una gran cantidad de personas. La mayor parte de Asia Oriental y del Sudeste Asiático están compuestos de colinas y montañas. No es la tierra de cultivo ideal. Para que les resultara más fácil cultivar, las personas crearon terrazas.

agricultor sembrando arroz

Cultivo considerado

Las terrazas se usan en todo el mundo para sembrar todo tipo de cultivos.

arroz, trigo y cebada en Asia

maíz en América del Norte

papas en América del Sur

aceitunas en el Mediterráneo

tallo de arroz

21

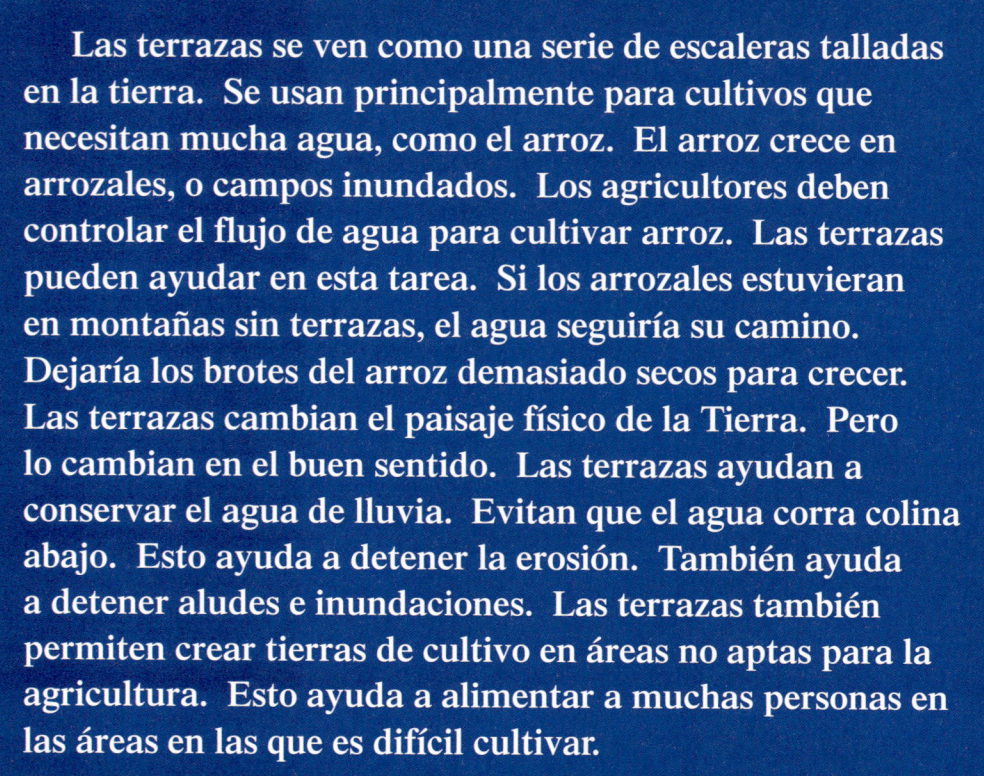

Las terrazas se ven como una serie de escaleras talladas en la tierra. Se usan principalmente para cultivos que necesitan mucha agua, como el arroz. El arroz crece en arrozales, o campos inundados. Los agricultores deben controlar el flujo de agua para cultivar arroz. Las terrazas pueden ayudar en esta tarea. Si los arrozales estuvieran en montañas sin terrazas, el agua seguiría su camino. Dejaría los brotes del arroz demasiado secos para crecer. Las terrazas cambian el paisaje físico de la Tierra. Pero lo cambian en el buen sentido. Las terrazas ayudan a conservar el agua de lluvia. Evitan que el agua corra colina abajo. Esto ayuda a detener la erosión. También ayuda a detener aludes e inundaciones. Las terrazas también permiten crear tierras de cultivo en áreas no aptas para la agricultura. Esto ayuda a alimentar a muchas personas en las áreas en las que es difícil cultivar.

Terrazas eternas

¡Hay terrazas de cultivo de arroz en Filipinas que tienen más de 2,000 años! Son las terrazas de arroz de Banaue. Cubren más de 10,360 kilómetros cuadrados (4,000 millas cuadradas) de tierra.

El arroz viene en muchos colores y variedades.

Salvemos nuestro planeta

Nuestro planeta tendrá siempre el mismo tamaño. Nunca será más grande. Pero, cada año, viven más y más personas en la Tierra. La familia humana está aumentando su tamaño. Pero nuestra casa no. Los expertos se preguntan dónde viviremos todos. ¿Habrá suficiente alimento para todos? ¿Qué haremos con toda nuestra basura? Dependemos del planeta para sobrevivir. Y la supervivencia del planeta depende de nosotros.

Algunas personas buscan mejores maneras para que vivamos en la Tierra. Se llaman **ambientalistas**. Tienen muchas ideas respecto a cómo podemos salvar el planeta. Estas personas ayudan a los agricultores con nuevas formas de cultivar y criar animales. Buscan nuevas formas de detener la desertificación. Enseñan a las personas diferentes maneras de reducir la contaminación. Les enseñan a las personas por qué es bueno usar formas naturales de energía, como la energía eólica o la solar.

ACEITE DE COCINA

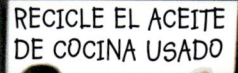

RECICLE EL ACEITE DE COCINA USADO

CONVIERTA LA GRASA EN COMBUSTIBLE

Manos a la obra

En el 2008, la estudiante de quinto grado Cassandra Lin inició un proyecto para convertir la grasa en combustible. Trabajó con otros niños para recolectar aceite de cocina usado de restaurantes locales. Lo repartieron entre diferentes familias para ser usado como combustible barato para calentar. Este grupo evitó que millones de libras de dióxido de carbono ingresaran al aire.

¡Tú también puedes ayudar a salvar el planeta! Puedes reducir la cantidad de basura que generas. Bebe de vasos en vez de botellas de plástico. Usa cajas o bolsas de tela cuando vas de compras. ¡Y puedes reciclar!

Puedes apagar las luces cuando no las estás usando. Esto ahorra energía. Puedes caminar o usar tu bicicleta para ir a la escuela. Esto ayuda a disminuir la contaminación del aire. También puedes usar menos electricidad abrigándote con un suéter en vez de encender la calefacción. Estas parecen ser cosas muy pequeñas. Pero en conjunto, hacen una gran diferencia.

Seguimos aprendiendo cómo usar mejor el mundo en el que vivimos. Lo que sí hemos aprendido es que debemos cuidar la Tierra, ya que ella cuida de nosotros.

"Son las pequeñas acciones de los ciudadanos. Esas marcarán la diferencia. Mi pequeña acción es plantar árboles".

—Wangari Maathai, conservacionista

Piensa como un científico

¿Cómo evitan los árboles la erosión del suelo?
¡Experimenta y averígualo!

Qué conseguir

- agua
- arena húmeda
- bandeja
- bloque pequeño
- ramitas y pasto

Qué hacer

1. Coloca la arena húmeda en una bandeja poco profunda. Asegúrate de que la arena esté nivelada.

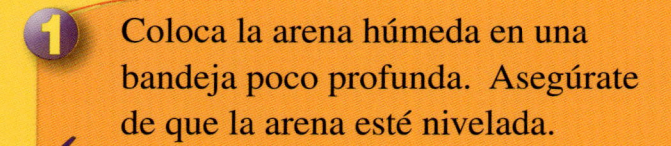

2. Eleva un extremo de la bandeja con el bloque.

3. Talla una línea curva en la arena con tu dedo. Coloca ramitas y pasto a lo largo de la línea como si fueran árboles.

4. Lentamente, vierte agua en el extremo más alto de la línea.

5. Registra lo que sucede cuando el agua fluye por la línea. Nota dónde hay erosión y dónde no.

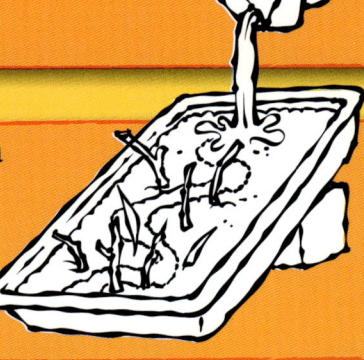

Glosario

ambientalistas: personas que trabajan para proteger la Tierra de la contaminación y otras amenazas

atmósfera: la masa de aire que rodea la Tierra

carbohidratos: sustancias presentes en alimentos como el pan, arroz y papas, que aportan al cuerpo humano calor y energía

clima: el estado usual del tiempo atmosférico en un lugar

dióxido de carbono: un gas que se produce cuando los animales y las personas exhalan

efecto invernadero: el calentamiento natural de la atmósfera de la Tierra

erosión: el proceso mediante el cual algo se deteriora debido a factores naturales como el agua, el viento o el hielo

nutrientes: sustancias que necesitan los seres vivos para vivir y crecer

peligrosos: dañinos o riesgosos

recursos naturales: cosas que existen en el mundo natural como la madera, el petróleo o los minerales

sequías: largos períodos con poca o nada de lluvia

Índice

¡Tu turno!

Ayudemos a nuestro planeta

Debemos cuidar la Tierra porque ella cuida de nosotros. Crea un afiche en el que enumeres 10 cosas que está haciendo tu comunidad para ayudar a salvar el medio ambiente. Comparte tus hallazgos con amigos y familiares. Todos podemos hacer la diferencia, ¡y tú también!